과거세부터 지어온
죄업을 참회하는 진언

운주사

머리말

진언眞言은 '거룩하고 참된 말'이라는 뜻으로 산스크리트어 만트라mantra를 번역한 것이다. 주呪, 신주神呪라고도 번역한다. 진언을 다라니dharani라고도 하는데, 다라니는 '모든 선함을 기억하여 지니고, 모든 악함을 일어나지 않게 막는다'는 의미로 총지總持, 능지能持, 능차能遮라 번역하기도 한다.

불교에서 진언은 수행의 한 방편으로 매우 중요시하였는데, 진언을 반복해서 외우거나, 진언 자체를 관하는 명상을 하거나, 정성껏 받아쓰는 등의 수행을 통하여 물질적·정신적 장해들을 극복하며, 마음을 정화하고 지혜를 얻어 궁극에는 깨달음에 도달하게 된다고 보았다.

진언 수행의 가장 일반적인 형태는 이를 반복해서 외우는 것이다. 외우는 방법에는 입으로 외우는 방법과 이를 정성껏 받아쓰며 외우는 방법이 있다. 다만 진언 사경은 입으로 외우는 것보다 시간이 더 걸린다는 점이 다르다. 그만큼 사경은 입으로 외우는 것보다 정성과 노력을 더 필요로 하는 수행인 것이다.

사경이란

사경은 부처님의 말씀을 옮겨 쓰는 것으로, 기도 수행의 한 방법이다. 즉 사경은 몸과 마음을 정갈히 가다듬고 부처님 말씀을 한 자 한 자 정성껏 옮겨 쓰는 수행 과정을 통해 불보살님의 가피를 받아 신심과 원력이 증장하고 바라는 소원이 성취되며, 늘 기쁨이 충만한 삶을 살다가 목숨을 마치고는 극락왕생하는 데 그 목적이 있다.

사경의 의의

부처님의 말씀은 경전을 통하여 우리에게 전해지고 있다. 따라서 경전의 말씀은 단순한 글자가 아니라 부처님이 깨달으신 진리를 상징하고 있다. 진리 자체는 문자로 나타낼 수 없지만 문자를 떠나서도 진리를 전하기 어렵다. 그러므로 경전에 쓰인 문자는 부처님께서 중생들을 진리로 인도하시려는 자비심의 상징이기도 하다.

사경을 통하여 우리는 부처님의 말씀을 보다 차분하게 깊이 이해할 수 있을 뿐 아니라, 정성을 다하여 사경하는 행위 그 자체가 훌륭한 수행이 된다는 사실을 알아야 한다. 그래서 옛 수행자들은 자신의 피로 사경을 하기도 하고, 한 글자를 쓸 때마다 삼배의 예를 올리기도 하였던 것이다.

이와 같이 사경은 부처님 말씀을 이해하고 자신의 마음을 맑히는 훌륭한 수행이자, 스스로의 정성을 부처님께 공양 올리는 거룩한 불사佛事라고 할 수 있다.

진언 사경의 공덕

부처님께서는 『법화경』, 『반야경』 등 여러 경전에서 사경의 공덕이 매우 수승하다고 말씀하신다. 예컨대 사경의 공덕은 무수한 세월 동안 부처님께 재물을 보시한 공덕보다 뛰어나고 탑을 조성하는 공덕보다 수승하다는 것 등이다. 진언(다라니) 사경에는 다음과 같은 공덕이 있다.

1. 몸과 마음이 평안해지고 신심과 지혜가 증대된다.
2. 현세를 살아가며 마주치는 모든 재난을 이겨내고 삿된 기운을 물리친다.
3. 전생부터 지금까지 지은 모든 업장이 소멸된다.
4. 바라는 바를 원만하게 성취할 수 있다.
5. 부처님 가르침을 기억하여 잊지 않게 되고, 기억력이 좋아져 머리가 총명해진다.

6. 마음이 편안하고 안정되어 부처님 마음과 감응하여 삼매를 성취할 수 있다.

7. 모든 불자들이 바라는 깨달음을 빨리 얻을 수 있다.

8. 하는 일이 잘되며, 어려운 일이 해결된다.

9. 현실의 물질적, 정신적 어려움이 사라진다.

10. 맺힌 원결들이 풀어지고 주변에 좋은 인연들이 모여든다.

11. 불보살님이 항상 가피해 주신다.

12. 선망 조상들과 인연 있는 이들뿐 아니라 스스로도 극락왕생한다.

13. 늘 기쁘고 행복하며, 자비심이 생겨 만나는 이들에게도 행복을 전해 준다.

사경하는 순서

다음은 사경을 하는 일반적인 순서이다. 하지만 오로지 진실한 마음이 중요한 것이니, 크게 구애받지 말고 상황에 따라 적절히 실행하면 된다.

1. 몸과 마음을 정갈히 가다듬는다.

2. 사경할 준비를 하고 초를 켜거나 향을 피운다.

3. 3배를 올리고 사경 발원문을 봉독한다.

4. 개인적인 발원을 올린다.

5. 정성껏 사경을 한다.(1자1배, 1자3배를 하기도 한다)

6. 모든 공덕을 중생들에게 회향하는 보회향진언으로 사경을 마무리한다.

7. 3배를 올리고 마친다.

*사경을 처음 시작할 때 언제까지 몇 번을 쓰겠다고 불보살님께 약속하고 시작하는 것이 좋다. 도중에 나태해지거나 그만 두는 것을 예방할 수 있기 때문이다. 1,000번, 3,000번, 10,000번 등 자신의 신심에 따라 발원하면 된다.

사경 발원문

참 진리의 고향이시자 중생을 구원하시는 대자대비하신 부처님!

시작 없는 전생에서부터 오늘에 이르기까지 제가 지은 모든 죄업을 부처님 전에 참회하나이다.

제가 이제 몸과 말과 뜻으로 부처님께 지극한 마음으로 귀의하며 사경의식을 봉행하오니, 이 인연 공덕으로 살아 있는 모든 생명의 행복과 해탈을 축원하옵니다. 또한 저와 인연 있는 이들이 다생겁래로 지어온 모든 업장이 소멸되고 바라는 모든 발원이 원만히 성취되게 하시어 감사하고 행복한 삶을 살다가, 끝내는 깨달음의 문을 열게 해주소서. 또한 선망 조상님과 여러 인연 있는 영가들이 극락왕생하여 영원한 행복을 누리게 하소서!

개인 발원문 (각자 바라는 발원을 적고 읽는다.)

불기   년   월   일

사경 제자 _____ 공경 합장

과거세부터 지어온 죄업을 참회하는 진언

기도 수행의 기본은 참회와 업장소멸이다. 무시이래로 모르고 지었거나 알고 지은 모든 죄와 업장을 참회하고 소멸해야만 기도의 가피를 받을 수 있다. 몸과 마음을 깨끗이 정화해야 새로운 기운을 받을 수 있기 때문이다. 이것은 마치 그릇에 새로운 물을 담는 것과 같아서, 기존의 그릇을 깨끗이 비우고 씻어내서 오염되지 않은 상태를 유지해야 청정한 물을 담을 수 있는 것과 같다. 그래서 다라니 사경 시리즈의 ①번과 ②번에 죄업을 참회하는 진언과 업장을 소멸하는 진언을 배치하였다. 어느 진언을 사경하든 가능하면 ①번과 ②번 사경을 선행하기를 부탁드린다.

『과거세부터 지어온 죄업을 참회하는 진언』에는 익히 알려진 「참회진언」과 「관세음보살 참회주」를, 『업장을 소멸하는 진언』에는 「광명光明진언」, 「관세음보살 멸업장滅業障진언」, 「지장보살 멸정업滅定業진언」, 「정삼업淨三業진언」, 「세제죄장洗諸罪障진언」, 「보현보살멸죄주普賢菩薩滅罪呪」를 수록하였다.

아무쪼록 이 사경 기도를 통해 모든 업장이 소멸되고 불보살님의 가피가 함께 하시길 기원드린다.

참회懺悔진언

옴 살바 못자 모지 사다야 사바하

관세음보살 참회주懺悔呪

나모 라다나다라야야 나마 아리야 바로기제 새바라
야 모디사다바야 마하사다바야 마하가로니가야 다냐
타 도로도로 아셰마셰마셰 마하마리니 두바마리니
두비두비나 마나마 사바하

사경 시작한 날 : 불기 _____년 ____월 ____일

참회懺悔진언

옴 살바 못자 모지 사다야 사바하

옴 살바 못자 모지 사다야 사바하
옴 살바 못자 모지 사다야 사바하
옴 살바 못자 모지 사다야 사바하

옴 살바 못자 모지 사다야 사바하
옴 살바 못자 모지 사다야 사바하
옴 살바 못자 모지 사다야 사바하
옴 살바 못자 모지 사다야 사바하
옴 살바 못자 모지 사다야 사바하

옴 살바 못자 모지 사다야 사바하
옴 살바 못자 모지 사다야 사바하
옴 살바 못자 모지 사다야 사바하
옴 살바 못자 모지 사다야 사바하
옴 살바 못자 모지 사다야 사바하

013

옴 살바 못자 모지 사다야 사바하
옴 살바 못자 모지 사다야 사바하
옴 살바 못자 모지 사다야 사바하
옴 살바 못자 모지 사다야 사바하
옴 살바 못자 모지 사다야 사바하

옴 살바 못자 모지 사다야 사바하
옴 살바 못자 모지 사다야 사바하
옴 살바 못자 모지 사다야 사바하
옴 살바 못자 모지 사다야 사바하
옴 살바 못자 모지 사다야 사바하

옴 살바 못자 모지 사다야 사바하
옴 살바 못자 모지 사다야 사바하
옴 살바 못자 모지 사다야 사바하
옴 살바 못자 모지 사다야 사바하
옴 살바 못자 모지 사다야 사바하

028

옴 살바 못자 모지 사다야 사바하
옴 살바 못자 모지 사다야 사바하
옴 살바 못자 모지 사다야 사바하
옴 살바 못자 모지 사다야 사바하
옴 살바 못자 모지 사다야 사바하

옴 살바 못자 모지 사다야 사바하
옴 살바 못자 모지 사다야 사바하
옴 살바 못자 모지 사다야 사바하
옴 살바 못자 모지 사다야 사바하
옴 살바 못자 모지 사다야 사바하

옴 살바 못자 모지 사다야 사바하
옴 살바 못자 모지 사다야 사바하
옴 살바 못자 모지 사다야 사바하
옴 살바 못자 모지 사다야 사바하
옴 살바 못자 모지 사다야 사바하

043

옴 살바 못자 모지 사다야 사바하
옴 살바 못자 모지 사다야 사바하
옴 살바 못자 모지 사다야 사바하
옴 살바 못자 모지 사다야 사바하
옴 살바 못자 모지 사다야 사바하

옴 살바 못자 모지 사다야 사바하
옴 살바 못자 모지 사다야 사바하
옴 살바 못자 모지 사다야 사바하
옴 살바 못자 모지 사다야 사바하
옴 살바 못자 모지 사다야 사바하

옴 살바 못자 모지 사다야 사바하
옴 살바 못자 모지 사다야 사바하
옴 살바 못자 모지 사다야 사바하
옴 살바 못자 모지 사다야 사바하
옴 살바 못자 모지 사다야 사바하

058

옴 살바 못자 모지 사다야 사바하
옴 살바 못자 모지 사다야 사바하
옴 살바 못자 모지 사다야 사바하
옴 살바 못자 모지 사다야 사바하
옴 살바 못자 모지 사다야 사바하

옴 살바 못자 모지 사다야 사바하
옴 살바 못자 모지 사다야 사바하
옴 살바 못자 모지 사다야 사바하
옴 살바 못자 모지 사다야 사바하
옴 살바 못자 모지 사다야 사바하

옴 살바 못자 모지 사다야 사바하
옴 살바 못자 모지 사다야 사바하
옴 살바 못자 모지 사다야 사바하
옴 살바 못자 모지 사다야 사바하
옴 살바 못자 모지 사다야 사바하

073

옴 살바 못자 모지 사다야 사바하
옴 살바 못자 모지 사다야 사바하
옴 살바 못자 모지 사다야 사바하
옴 살바 못자 모지 사다야 사바하
옴 살바 못자 모지 사다야 사바하

옴 살바 못자 모지 사다야 사바하
옴 살바 못자 모지 사다야 사바하
옴 살바 못자 모지 사다야 사바하
옴 살바 못자 모지 사다야 사바하
옴 살바 못자 모지 사다야 사바하

옴 살바 못자 모지 사다야 사바하
옴 살바 못자 모지 사다야 사바하
옴 살바 못자 모지 사다야 사바하
옴 살바 못자 모지 사다야 사바하
옴 살바 못자 모지 사다야 사바하

옴 살바 못자 모지 사다야 사바하
옴 살바 못자 모지 사다야 사바하
옴 살바 못자 모지 사다야 사바하
옴 살바 못자 모지 사다야 사바하
옴 살바 못자 모지 사다야 사바하

옴 살바 못자 모지 사다야 사바하
옴 살바 못자 모지 사다야 사바하
옴 살바 못자 모지 사다야 사바하
옴 살바 못자 모지 사다야 사바하
옴 살바 못자 모지 사다야 사바하

옴 살바 못자 모지 사다야 사바하
옴 살바 못자 모지 사다야 사바하
옴 살바 못자 모지 사다야 사바하
옴 살바 못자 모지 사다야 사바하
옴 살바 못자 모지 사다야 사바하

103

옴 살바 못자 모지 사다야 사바하
옴 살바 못자 모지 사다야 사바하
옴 살바 못자 모지 사다야 사바하
옴 살바 못자 모지 사다야 사바하
옴 살바 못자 모지 사다야 사바하

옴 살바 못자 모지 사다야 사바하
옴 살바 못자 모지 사다야 사바하
옴 살바 못자 모지 사다야 사바하
옴 살바 못자 모지 사다야 사바하
옴 살바 못자 모지 사다야 사바하

옴 살바 못자 모지 사다야 사바하
옴 살바 못자 모지 사다야 사바하
옴 살바 못자 모지 사다야 사바하
옴 살바 못자 모지 사다야 사바하
옴 살바 못자 모지 사다야 사바하

옴 살바 못자 모지 사다야 사바하
옴 살바 못자 모지 사다야 사바하
옴 살바 못자 모지 사다야 사바하
옴 살바 못자 모지 사다야 사바하
옴 살바 못자 모지 사다야 사바하

옴 살바 못자 모지 사다야 사바하
옴 살바 못자 모지 사다야 사바하
옴 살바 못자 모지 사다야 사바하
옴 살바 못자 모지 사다야 사바하
옴 살바 못자 모지 사다야 사바하

옴 살바 못자 모지 사다야 사바하
옴 살바 못자 모지 사다야 사바하
옴 살바 못자 모지 사다야 사바하
옴 살바 못자 모지 사다야 사바하
옴 살바 못자 모지 사다야 사바하

133

옴 살바 못자 모지 사다야 사바하
옴 살바 못자 모지 사다야 사바하
옴 살바 못자 모지 사다야 사바하
옴 살바 못자 모지 사다야 사바하
옴 살바 못자 모지 사다야 사바하

옴 살바 못자 모지 사다야 사바하
옴 살바 못자 모지 사다야 사바하
옴 살바 못자 모지 사다야 사바하
옴 살바 못자 모지 사다야 사바하
옴 살바 못자 모지 사다야 사바하

옴 살바 못자 모지 사다야 사바하
옴 살바 못자 모지 사다야 사바하
옴 살바 못자 모지 사다야 사바하
옴 살바 못자 모지 사다야 사바하
옴 살바 못자 모지 사다야 사바하

옴 살바 못자 모지 사다야 사바하
옴 살바 못자 모지 사다야 사바하
옴 살바 못자 모지 사다야 사바하
옴 살바 못자 모지 사다야 사바하
옴 살바 못자 모지 사다야 사바하

옴 살바 못자 모지 사다야 사바하
옴 살바 못자 모지 사다야 사바하
옴 살바 못자 모지 사다야 사바하
옴 살바 못자 모지 사다야 사바하
옴 살바 못자 모지 사다야 사바하

옴 살바 못자 모지 사다야 사바하
옴 살바 못자 모지 사다야 사바하
옴 살바 못자 모지 사다야 사바하
옴 살바 못자 모지 사다야 사바하
옴 살바 못자 모지 사다야 사바하

163

옴 살바 못자 모지 사다야 사바하
옴 살바 못자 모지 사다야 사바하
옴 살바 못자 모지 사다야 사바하
옴 살바 못자 모지 사다야 사바하
옴 살바 못자 모지 사다야 사바하

옴 살바 못자 모지 사다야 사바하
옴 살바 못자 모지 사다야 사바하
옴 살바 못자 모지 사다야 사바하
옴 살바 못자 모지 사다야 사바하
옴 살바 못자 모지 사다야 사바하

옴 살바 못자 모지 사다야 사바하
옴 살바 못자 모지 사다야 사바하
옴 살바 못자 모지 사다야 사바하
옴 살바 못자 모지 사다야 사바하
옴 살바 못자 모지 사다야 사바하

옴 살바 못자 모지 사다야 사바하
옴 살바 못자 모지 사다야 사바하
옴 살바 못자 모지 사다야 사바하
옴 살바 못자 모지 사다야 사바하
옴 살바 못자 모지 사다야 사바하

옴 살바 못자 모지 사다야 사바하
옴 살바 못자 모지 사다야 사바하
옴 살바 못자 모지 사다야 사바하
옴 살바 못자 모지 사다야 사바하
옴 살바 못자 모지 사다야 사바하

옴 살바 못자 모지 사다야 사바하
옴 살바 못자 모지 사다야 사바하
옴 살바 못자 모지 사다야 사바하
옴 살바 못자 모지 사다야 사바하
옴 살바 못자 모지 사다야 사바하

193

옴 살바 못자 모지 사다야 사바하
옴 살바 못자 모지 사다야 사바하
옴 살바 못자 모지 사다야 사바하
옴 살바 못자 모지 사다야 사바하
옴 살바 못자 모지 사다야 사바하

옴 살바 못자 모지 사다야 사바하
옴 살바 못자 모지 사다야 사바하
옴 살바 못자 모지 사다야 사바하
옴 살바 못자 모지 사다야 사바하
옴 살바 못자 모지 사다야 사바하

옴 살바 못자 모지 사다야 사바하
옴 살바 못자 모지 사다야 사바하
옴 살바 못자 모지 사다야 사바하
옴 살바 못자 모지 사다야 사바하
옴 살바 못자 모지 사다야 사바하

208

옴 살바 못자 모지 사다야 사바하
옴 살바 못자 모지 사다야 사바하
옴 살바 못자 모지 사다야 사바하
옴 살바 못자 모지 사다야 사바하
옴 살바 못자 모지 사다야 사바하

옴 살바 못자 모지 사다야 사바하
옴 살바 못자 모지 사다야 사바하
옴 살바 못자 모지 사다야 사바하
옴 살바 못자 모지 사다야 사바하
옴 살바 못자 모지 사다야 사바하

옴 살바 못자 모지 사다야 사바하
옴 살바 못자 모지 사다야 사바하
옴 살바 못자 모지 사다야 사바하
옴 살바 못자 모지 사다야 사바하
옴 살바 못자 모지 사다야 사바하

옴 살바 못자 모지 사다야 사바하
옴 살바 못자 모지 사다야 사바하
옴 살바 못자 모지 사다야 사바하
옴 살바 못자 모지 사다야 사바하
옴 살바 못자 모지 사다야 사바하

옴 살바 못자 모지 사다야 사바하
옴 살바 못자 모지 사다야 사바하
옴 살바 못자 모지 사다야 사바하
옴 살바 못자 모지 사다야 사바하
옴 살바 못자 모지 사다야 사바하

옴 살바 못자 모지 사다야 사바하
옴 살바 못자 모지 사다야 사바하
옴 살바 못자 모지 사다야 사바하
옴 살바 못자 모지 사다야 사바하
옴 살바 못자 모지 사다야 사바하

238

옴 살바 못자 모지 사다야 사바하
옴 살바 못자 모지 사다야 사바하
옴 살바 못자 모지 사다야 사바하
옴 살바 못자 모지 사다야 사바하
옴 살바 못자 모지 사다야 사바하

옴 살바 못자 모지 사다야 사바하
옴 살바 못자 모지 사다야 사바하
옴 살바 못자 모지 사다야 사바하
옴 살바 못자 모지 사다야 사바하
옴 살바 못자 모지 사다야 사바하

옴 살바 못자 모지 사다야 사바하
옴 살바 못자 모지 사다야 사바하 *250*

보회향진언

옴 삼마라 삼마라 미만나 사라마
하 자가라바 훔

관세음보살 참회주懺悔呪

나모 라다나다라야야 나마 아리야 바로기제
새바라야 모디사다바야 마하사다바야 마하가
로니가야 다냐타 도로도로 아셰마셰마셰 마하
마리니 두바마리니 두비두비나 마나마 사바하

001 나모 라다나다라야야 나마 아리야 바
로기제 새바라야 모디사다바야 마하
사다바야 마하가로니가야 다냐타 도
로도로 아셰마셰마셰 마하마리니 두
바마리니 두비두비나 마나마 사바하

002 나모 라다나다라야야 나마 아리야 바
로기제 새바라야 모디사다바야 마하
사다바야 마하가로니가야 다냐타 도
로도로 아셰마셰마셰 마하마리니 두
바마리니 두비두비나 마나마 사바하

003 나모 라다나다라야야 나마 아리야 바
로기제 새바라야 모디사다바야 마하
사다바야 마하가로니가야 다냐타 도
로도로 아세마세마세 마하마리니 두
바마리니 두비두비나 마나마 사바하

004 나모 라다나다라야야 나마 아리야 바
로기제 새바라야 모디사다바야 마하
사다바야 마하가로니가야 다냐타 도
로도로 아세마세마세 마하마리니 두
바마리니 두비두비나 마나마 사바하

005 나모 라다나다라야야 나마 아리야 바
로기제 새바라야 모디사다바야 마하
사다바야 마하가로니가야 다냐타 도
로도로 아세마세마세 마하마리니 두
바마리니 두비두비나 마나마 사바하

006 나모 라다나다라야야 나마 아리야 바
로기제 새바라야 모디사다바야 마하
사다바야 마하가로니가야 다냐타 도
로도로 아세마세마세 마하마리니 두
바마리니 두비두비나 마나마 사바하

007 나모 라다나다라야야 나마 아리야 바
로기제 새바라야 모디사다바야 마하
사다바야 마하가로니가야 다냐타 도
로도로 아세마세마세 마하마리니 두
바마리니 두비두비나 마나마 사바하

008 나모 라다나다라야야 나마 아리야 바
로기제 새바라야 모디사다바야 마하
사다바야 마하가로니가야 다냐타 도
로도로 아세마세마세 마하마리니 두
바마리니 두비두비나 마나마 사바하

009 나모 라다나다라야야 나마 아리야 바
로기제 새바라야 모디사다바야 마하
사다바야 마하가로니가야 다냐타 도
로도로 아세마세마세 마하마리니 두
바마리니 두비두비나 마나마 사바하

010 나모 라다나다라야야 나마 아리야 바
로기제 새바라야 모디사다바야 마하
사다바야 마하가로니가야 다냐타 도
로도로 아세마세마세 마하마리니 두
바마리니 두비두비나 마나마 사바하

011 나모 라다나다라야야 나마 아리야 바
로기제 새바라야 모디사다바야 마하
사다바야 마하가로니가야 다냐타 도
로도로 아세마세마세 마하마리니 두
바마리니 두비두비나 마나마 사바하

012
나모 라다나다라야야 나마 아리야 바
로기제 새바라야 모디사다바야 마하
사다바야 마하가로니가야 다냐타 도
로도로 아세마세마세 마하마리니 두
바마리니 두비두비나 마나마 사바하

013
나모 라다나다라야야 나마 아리야 바
로기제 새바라야 모디사다바야 마하
사다바야 마하가로니가야 다냐타 도
로도로 아세마세마세 마하마리니 두
바마리니 두비두비나 마나마 사바하

014
나모 라다나다라야야 나마 아리야 바
로기제 새바라야 모디사다바야 마하
사다바야 마하가로니가야 다냐타 도
로도로 아세마세마세 마하마리니 두
바마리니 두비두비나 마나마 사바하

015 나모 라다나다라야야 나마 아리야 바
로기제 새바라야 모디사다바야 마하
사다바야 마하가로니가야 다냐타 도
로도로 아세마세마세 마하마리니 두
바마리니 두비두비나 마나마 사바하

016 나모 라다나다라야야 나마 아리야 바
로기제 새바라야 모디사다바야 마하
사다바야 마하가로니가야 다냐타 도
로도로 아세마세마세 마하마리니 두
바마리니 두비두비나 마나마 사바하

017 나모 라다나다라야야 나마 아리야 바
로기제 새바라야 모디사다바야 마하
사다바야 마하가로니가야 다냐타 도
로도로 아세마세마세 마하마리니 두
바마리니 두비두비나 마나마 사바하

018 나모 라다나다라야야 나마 아리야 바
로기제 새바라야 모디사다바야 마하
사다바야 마하가로니가야 다냐타 도
로도로 아세마세마세 마하마리니 두
바마리니 두비두비나 마나마 사바하

019 나모 라다나다라야야 나마 아리야 바
로기제 새바라야 모디사다바야 마하
사다바야 마하가로니가야 다냐타 도
로도로 아세마세마세 마하마리니 두
바마리니 두비두비나 마나마 사바하

020 나모 라다나다라야야 나마 아리야 바
로기제 새바라야 모디사다바야 마하
사다바야 마하가로니가야 다냐타 도
로도로 아세마세마세 마하마리니 두
바마리니 두비두비나 마나마 사바하

021 나모 라다나다라야야 나마 아리야 바
로기제 새바라야 모디사다바야 마하
사다바야 마하가로니가야 다냐타 도
로도로 아세마세마세 마하마리니 두
바마리니 두비두비나 마나마 사바하

022 나모 라다나다라야야 나마 아리야 바
로기제 새바라야 모디사다바야 마하
사다바야 마하가로니가야 다냐타 도
로도로 아세마세마세 마하마리니 두
바마리니 두비두비나 마나마 사바하

023 나모 라다나다라야야 나마 아리야 바
로기제 새바라야 모디사다바야 마하
사다바야 마하가로니가야 다냐타 도
로도로 아세마세마세 마하마리니 두
바마리니 두비두비나 마나마 사바하

024
나모 라다나다라야야 나마 아리야 바
로기제 새바라야 모디사다바야 마하
사다바야 마하가로니가야 다냐타 도
로도로 아세마세마세 마하마리니 두
바마리니 두비두비나 마나마 사바하

025
나모 라다나다라야야 나마 아리야 바
로기제 새바라야 모디사다바야 마하
사다바야 마하가로니가야 다냐타 도
로도로 아세마세마세 마하마리니 두
바마리니 두비두비나 마나마 사바하

026
나모 라다나다라야야 나마 아리야 바
로기제 새바라야 모디사다바야 마하
사다바야 마하가로니가야 다냐타 도
로도로 아세마세마세 마하마리니 두
바마리니 두비두비나 마나마 사바하

027 나모 라다나다라야야 나마 아리야 바
로기제 새바라야 모디사다바야 마하
사다바야 마하가로니가야 다냐타 도
로도로 아세마세마세 마하마리니 두
바마리니 두비두비나 마나마 사바하

028 나모 라다나다라야야 나마 아리야 바
로기제 새바라야 모디사다바야 마하
사다바야 마하가로니가야 다냐타 도
로도로 아세마세마세 마하마리니 두
바마리니 두비두비나 마나마 사바하

029 나모 라다나다라야야 나마 아리야 바
로기제 새바라야 모디사다바야 마하
사다바야 마하가로니가야 다냐타 도
로도로 아세마세마세 마하마리니 두
바마리니 두비두비나 마나마 사바하

나모 라다나다라야야 나마 아리야 바
로기제 새바라야 모디사다바야 마하
사다바야 마하가로니가야 다냐타 도
로도로 아세마세마세 마하마리니 두
바마리니 두비두비나 마나마 사바하

나모 라다나다라야야 나마 아리야 바
로기제 새바라야 모디사다바야 마하
사다바야 마하가로니가야 다냐타 도
로도로 아세마세마세 마하마리니 두
바마리니 두비두비나 마나마 사바하

나모 라다나다라야야 나마 아리야 바
로기제 새바라야 모디사다바야 마하
사다바야 마하가로니가야 다냐타 도
로도로 아세마세마세 마하마리니 두
바마리니 두비두비나 마나마 사바하

033 나모 라다나다라야야 나마 아리야 바
로기제 새바라야 모디사다바야 마하
사다바야 마하가로니가야 다냐타 도
로도로 아세마세마세 마하마리니 두
바마리니 두비두비나 마나마 사바하

034 나모 라다나다라야야 나마 아리야 바
로기제 새바라야 모디사다바야 마하
사다바야 마하가로니가야 다냐타 도
로도로 아세마세마세 마하마리니 두
바마리니 두비두비나 마나마 사바하

035 나모 라다나다라야야 나마 아리야 바
로기제 새바라야 모디사다바야 마하
사다바야 마하가로니가야 다냐타 도
로도로 아세마세마세 마하마리니 두
바마리니 두비두비나 마나마 사바하

나모 라다나다라야야 나마 아리야 바
로기제 새바라야 모디사다바야 마하
사다바야 마하가로니가야 다냐타 도
로도로 아세마세마세 마하마리니 두
바마리니 두비두비나 마나마 사바하

나모 라다나다라야야 나마 아리야 바
로기제 새바라야 모디사다바야 마하
사다바야 마하가로니가야 다냐타 도
로도로 아세마세마세 마하마리니 두
바마리니 두비두비나 마나마 사바하

나모 라다나다라야야 나마 아리야 바
로기제 새바라야 모디사다바야 마하
사다바야 마하가로니가야 다냐타 도
로도로 아세마세마세 마하마리니 두
바마리니 두비두비나 마나마 사바하

039 나모 라다나다라야야 나마 아리야 바
로기제 새바라야 모디사다바야 마하
사다바야 마하가로니가야 다냐타 도
로도로 아세마세마세 마하마리니 두
바마리니 두비두비니 마나마 사바하

040 나모 라다나다라야야 나마 아리야 바
로기제 새바라야 모디사다바야 마하
사다바야 마하가로니가야 다냐타 도
로도로 아세마세마세 마하마리니 두
바마리니 두비두비니 마나마 사바하

041 나모 라다나다라야야 나마 아리야 바
로기제 새바라야 모디사다바야 마하
사다바야 마하가로니가야 다냐타 도
로도로 아세마세마세 마하마리니 두
바마리니 두비두비니 마나마 사바하

042 나모 라다나다라야야 나마 아리야 바
로기제 새바라야 모디사다바야 마하
사다바야 마하가로니가야 다냐타 도
로도로 아세마세마세 마하마리니 두
바마리니 두비두비나 마나마 사바하

043 나모 라다나다라야야 나마 아리야 바
로기제 새바라야 모디사다바야 마하
사다바야 마하가로니가야 다냐타 도
로도로 아세마세마세 마하마리니 두
바마리니 두비두비나 마나마 사바하

044 나모 라다나다라야야 나마 아리야 바
로기제 새바라야 모디사다바야 마하
사다바야 마하가로니가야 다냐타 도
로도로 아세마세마세 마하마리니 두
바마리니 두비두비나 마나마 사바하

045 나모 라다나다라야야 나마 아리야 바
로기제 새바라야 모디사다바야 마하
사다바야 마하가로니가야 다냐타 도
로도로 아세마세마세 마하마리니 두
바마리니 두비두비니 마나마 사바하

046 나모 라다나다라야야 나마 아리야 바
로기제 새바라야 모디사다바야 마하
사다바야 마하가로니가야 다냐타 도
로도로 아세마세마세 마하마리니 두
바마리니 두비두비니 마나마 사바하

047 나모 라다나다라야야 나마 아리야 바
로기제 새바라야 모디사다바야 마하
사다바야 마하가로니가야 다냐타 도
로도로 아세마세마세 마하마리니 두
바마리니 두비두비니 마나마 사바하

048 나모 라다나다라야야 나마 아리야 바로기제 새바라야 모디사다바야 마하사다바야 마하가로니가야 다냐타 도로도로 아세마세마세 마하마리니 두바마리니 두비두비나 마나마 사바하

049 나모 라다나다라야야 나마 아리야 바로기제 새바라야 모디사다바야 마하사다바야 마하가로니가야 다냐타 도로도로 아세마세마세 마하마리니 두바마리니 두비두비나 마나마 사바하

050 나모 라다나다라야야 나마 아리야 바로기제 새바라야 모디사다바야 마하사다바야 마하가로니가야 다냐타 도로도로 아세마세마세 마하마리니 두바마리니 두비두비나 마나마 사바하

051 나모 라다나다라야야 나마 아리야 바
로기제 새바라야 모디사다바야 마하
사다바야 마하가로니가야 다냐타 도
로도로 아세마세마세 마하마리니 두
바마리니 두비두비나 마나마 사바하

052 나모 라다나다라야야 나마 아리야 바
로기제 새바라야 모디사다바야 마하
사다바야 마하가로니가야 다냐타 도
로도로 아세마세마세 마하마리니 두
바마리니 두비두비나 마나마 사바하

053 나모 라다나다라야야 나마 아리야 바
로기제 새바라야 모디사다바야 마하
사다바야 마하가로니가야 다냐타 도
로도로 아세마세마세 마하마리니 두
바마리니 두비두비나 마나마 사바하

054
나모 라다나다라야야 나마 아리야 바
로기제 새바라야 모디사다바야 마하
사다바야 마하가로니가야 다냐타 도
로도로 아세마세마세 마하마리니 두
바마리니 두비두비나 마나마 사바하

055
나모 라다나다라야야 나마 아리야 바
로기제 새바라야 모디사다바야 마하
사다바야 마하가로니가야 다냐타 도
로도로 아세마세마세 마하마리니 두
바마리니 두비두비나 마나마 사바하

056
나모 라다나다라야야 나마 아리야 바
로기제 새바라야 모디사다바야 마하
사다바야 마하가로니가야 다냐타 도
로도로 아세마세마세 마하마리니 두
바마리니 두비두비나 마나마 사바하

057 나모 라다나다라야야 나마 아리야 바
로기제 새바라야 모디사다바야 마하
사다바야 마하가로니가야 다냐타 도
로도로 아세마세마세 마하마리니 두
바마리니 두비두비나 마나마 사바하

058 나모 라다나다라야야 나마 아리야 바
로기제 새바라야 모디사다바야 마하
사다바야 마하가로니가야 다냐타 도
로도로 아세마세마세 마하마리니 두
바마리니 두비두비나 마나마 사바하

059 나모 라다나다라야야 나마 아리야 바
로기제 새바라야 모디사다바야 마하
사다바야 마하가로니가야 다냐타 도
로도로 아세마세마세 마하마리니 두
바마리니 두비두비나 마나마 사바하

060
나모 라다나다라야야 나마 아리야 바
로기제 새바라야 모디사다바야 마하
사다바야 마하가로니가야 다냐타 도
로도로 아세마세마세 마하마리니 두
바마리니 두비두비나 마나마 사바하

061
나모 라다나다라야야 나마 아리야 바
로기제 새바라야 모디사다바야 마하
사다바야 마하가로니가야 다냐타 도
로도로 아세마세마세 마하마리니 두
바마리니 두비두비나 마나마 사바하

062
나모 라다나다라야야 나마 아리야 바
로기제 새바라야 모디사다바야 마하
사다바야 마하가로니가야 다냐타 도
로도로 아세마세마세 마하마리니 두
바마리니 두비두비나 마나마 사바하

063 나모 라다나다라야야 나마 아리야 바
로기제 새바라야 모디사다바야 마하
사다바야 마하가로니가야 다냐타 도
로도로 아세마세마세 마하마리니 두
바마리니 두비두비나 마나마 사바하

064 나모 라다나다라야야 나마 아리야 바
로기제 새바라야 모디사다바야 마하
사다바야 마하가로니가야 다냐타 도
로도로 아세마세마세 마하마리니 두
바마리니 두비두비나 마나마 사바하

065 나모 라다나다라야야 나마 아리야 바
로기제 새바라야 모디사다바야 마하
사다바야 마하가로니가야 다냐타 도
로도로 아세마세마세 마하마리니 두
바마리니 두비두비나 마나마 사바하

066 나모 라다나다라야야 나마 아리야 바
로기제 새바라야 모디사다바야 마하
사다바야 마하가로니가야 다냐타 도
로도로 아셰마셰마셰 마하마리니 두
바마리니 두비두비나 마나마 사바하

067 나모 라다나다라야야 나마 아리야 바
로기제 새바라야 모디사다바야 마하
사다바야 마하가로니가야 다냐타 도
로도로 아셰마셰마셰 마하마리니 두
바마리니 두비두비나 마나마 사바하

068 나모 라다나다라야야 나마 아리야 바
로기제 새바라야 모디사다바야 마하
사다바야 마하가로니가야 다냐타 도
로도로 아셰마셰마셰 마하마리니 두
바마리니 두비두비나 마나마 사바하

069 나모 라다나다라야야 나마 아리야 바
로기제 새바라야 모디사다바야 마하
사다바야 마하가로니가야 다냐타 도
로도로 아세마세마세 마하마리니 두
바마리니 두비두비나 마나마 사바하

070 나모 라다나다라야야 나마 아리야 바
로기제 새바라야 모디사다바야 마하
사다바야 마하가로니가야 다냐타 도
로도로 아세마세마세 마하마리니 두
바마리니 두비두비나 마나마 사바하

071 나모 라다나다라야야 나마 아리야 바
로기제 새바라야 모디사다바야 마하
사다바야 마하가로니가야 다냐타 도
로도로 아세마세마세 마하마리니 두
바마리니 두비두비나 마나마 사바하

072 나모 라다나다라야야 나마 아리야 바
로기제 새바라야 모디사다바야 마하
사다바야 마하가로니가야 다냐타 도
로도로 아세마세마세 마하마리니 두
바마리니 두비두비나 마나마 사바하

073 나모 라다나다라야야 나마 아리야 바
로기제 새바라야 모디사다바야 마하
사다바야 마하가로니가야 다냐타 도
로도로 아세마세마세 마하마리니 두
바마리니 두비두비나 마나마 사바하

074 나모 라다나다라야야 나마 아리야 바
로기제 새바라야 모디사다바야 마하
사다바야 마하가로니가야 다냐타 도
로도로 아세마세마세 마하마리니 두
바마리니 두비두비나 마나마 사바하

075 나모 라다나다라야야 나마 아리야 바
로기제 새바라야 모디사다바야 마하
사다바야 마하가로니가야 다냐타 도
로도로 아세마세마세 마하마리니 두
바마리니 두비두비나 마나마 사바하

076 나모 라다나다라야야 나마 아리야 바
로기제 새바라야 모디사다바야 마하
사다바야 마하가로니가야 다냐타 도
로도로 아세마세마세 마하마리니 두
바마리니 두비두비나 마나마 사바하

077 나모 라다나다라야야 나마 아리야 바
로기제 새바라야 모디사다바야 마하
사다바야 마하가로니가야 다냐타 도
로도로 아세마세마세 마하마리니 두
바마리니 두비두비나 마나마 사바하

078
나모 라다나다라야야 나마 아리야 바
로기제 새바라야 모디사다바야 마하
사다바야 마하가로니가야 다냐타 도
로도로 아세마세마세 마하마리니 두
바마리니 두비두비나 마나마 사바하

079
나모 라다나다라야야 나마 아리야 바
로기제 새바라야 모디사다바야 마하
사다바야 마하가로니가야 다냐타 도
로도로 아세마세마세 마하마리니 두
바마리니 두비두비나 마나마 사바하

080
나모 라다나다라야야 나마 아리야 바
로기제 새바라야 모디사다바야 마하
사다바야 마하가로니가야 다냐타 도
로도로 아세마세마세 마하마리니 두
바마리니 두비두비나 마나마 사바하

081 나모 라다나다라야야 나마 아리야 바
로기제 새바라야 모디사다바야 마하
사다바야 마하가로니가야 다냐타 도
로도로 아세마세마세 마하마리니 두
바마리니 두비두비나 마나마 사바하

082 나모 라다나다라야야 나마 아리야 바
로기제 새바라야 모디사다바야 마하
사다바야 마하가로니가야 다냐타 도
로도로 아세마세마세 마하마리니 두
바마리니 두비두비나 마나마 사바하

083 나모 라다나다라야야 나마 아리야 바
로기제 새바라야 모디사다바야 마하
사다바야 마하가로니가야 다냐타 도
로도로 아세마세마세 마하마리니 두
바마리니 두비두비나 마나마 사바하

084 나모 라다나다라야야 나마 아리야 바
로기제 새바라야 모디사다바야 마하
사다바야 마하가로니가야 다냐타 도
로도로 아세마세마세 마하마리니 두
바마리니 두비두비나 마나마 사바하

085 나모 라다나다라야야 나마 아리야 바
로기제 새바라야 모디사다바야 마하
사다바야 마하가로니가야 다냐타 도
로도로 아세마세마세 마하마리니 두
바마리니 두비두비나 마나마 사바하

086 나모 라다나다라야야 나마 아리야 바
로기제 새바라야 모디사다바야 마하
사다바야 마하가로니가야 다냐타 도
로도로 아세마세마세 마하마리니 두
바마리니 두비두비나 마나마 사바하

087 나모 라다나다라야야 나마 아리야 바
로기제 새바라야 모디사다바야 마하
사다바야 마하가로니가야 다냐타 도
로도로 아세마세마세 마하마리니 두
바마리니 두비두비나 마나마 사바하

088 나모 라다나다라야야 나마 아리야 바
로기제 새바라야 모디사다바야 마하
사다바야 마하가로니가야 다냐타 도
로도로 아세마세마세 마하마리니 두
바마리니 두비두비나 마나마 사바하

089 나모 라다나다라야야 나마 아리야 바
로기제 새바라야 모디사다바야 마하
사다바야 마하가로니가야 다냐타 도
로도로 아세마세마세 마하마리니 두
바마리니 두비두비나 마나마 사바하

090 나모 라다나다라야야 나마 아리야 바
로기제 새바라야 모디사다바야 마하
사다바야 마하가로니가야 다냐타 도
로도로 아세마세마세 마하마리니 두
바마리니 두비두비나 마나마 사바하

091 나모 라다나다라야야 나마 아리야 바
로기제 새바라야 모디사다바야 마하
사다바야 마하가로니가야 다냐타 도
로도로 아세마세마세 마하마리니 두
바마리니 두비두비나 마나마 사바하

092 나모 라다나다라야야 나마 아리야 바
로기제 새바라야 모디사다바야 마하
사다바야 마하가로니가야 다냐타 도
로도로 아세마세마세 마하마리니 두
바마리니 두비두비나 마나마 사바하

093 나모 라다나다라야야 나마 아리야 바
로기제 새바라야 모디사다바야 마하
사다바야 마하가로니가야 다냐타 도
로도로 아세마세마세 마하마리니 두
바마리니 두비두비나 마나마 사바하

094 나모 라다나다라야야 나마 아리야 바
로기제 새바라야 모디사다바야 마하
사다바야 마하가로니가야 다냐타 도
로도로 아세마세마세 마하마리니 두
바마리니 두비두비나 마나마 사바하

095 나모 라다나다라야야 나마 아리야 바
로기제 새바라야 모디사다바야 마하
사다바야 마하가로니가야 다냐타 도
로도로 아세마세마세 마하마리니 두
바마리니 두비두비나 마나마 사바하

096 나모 라다나다라야야 나마 아리야 바
로기제 새바라야 모디사다바야 마하
사다바야 마하가로니가야 다냐타 도
로도로 아세마세마세 마하마리니 두
바마리니 두비두비나 마나마 사바하

097 나모 라다나다라야야 나마 아리야 바
로기제 새바라야 모디사다바야 마하
사다바야 마하가로니가야 다냐타 도
로도로 아세마세마세 마하마리니 두
바마리니 두비두비나 마나마 사바하

098 나모 라다나다라야야 나마 아리야 바
로기제 새바라야 모디사다바야 마하
사다바야 마하가로니가야 다냐타 도
로도로 아세마세마세 마하마리니 두
바마리니 두비두비나 마나마 사바하

099 나모 라다나다라야야 나마 아리야 바
로기제 새바라야 모디사다바야 마하
사다바야 마하가로니가야 다냐타 도
로도로 아세마세마세 마하마리니 두
바마리니 두비두비나 마나마 사바하

100 나모 라다나다라야야 나마 아리야 바
로기제 새바라야 모디사다바야 마하
사다바야 마하가로니가야 다냐타 도
로도로 아세마세마세 마하마리니 두
바마리니 두비두비나 마나마 사바하

101 나모 라다나다라야야 나마 아리야 바
로기제 새바라야 모디사다바야 마하
사다바야 마하가로니가야 다냐타 도
로도로 아세마세마세 마하마리니 두
바마리니 두비두비나 마나마 사바하

102 나모 라다나다라야야 나마 아리야 바
로기제 새바라야 모디사다바야 마하
사다바야 마하가로니가야 다냐타 도
로도로 아세마세마세 마하마리니 두
바마리니 두비두비나 마나마 사바하

103 나모 라다나다라야야 나마 아리야 바
로기제 새바라야 모디사다바야 마하
사다바야 마하가로니가야 다냐타 도
로도로 아세마세마세 마하마리니 두
바마리니 두비두비나 마나마 사바하

104 나모 라다나다라야야 나마 아리야 바
로기제 새바라야 모디사다바야 마하
사다바야 마하가로니가야 다냐타 도
로도로 아세마세마세 마하마리니 두
바마리니 두비두비나 마나마 사바하

105 나모 라다나다라야야 나마 아리야 바
로기제 새바라야 모디사다바야 마하
사다바야 마하가로니가야 다냐타 도
로도로 아세마세마세 마하마리니 두
바마리니 두비두비나 마나마 사바하

106 나모 라다나다라야야 나마 아리야 바
로기제 새바라야 모디사다바야 마하
사다바야 마하가로니가야 다냐타 도
로도로 아세마세마세 마하마리니 두
바마리니 두비두비나 마나마 사바하

107 나모 라다나다라야야 나마 아리야 바
로기제 새바라야 모디사다바야 마하
사다바야 마하가로니가야 다냐타 도
로도로 아세마세마세 마하마리니 두
바마리니 두비두비나 마나마 사바하

108
나모 라다나다라야야 나마 아리야 바
로기제 새바라야 모디사다바야 마하
사다바야 마하가로니가야 다냐타 도
로도로 아세마세마세 마하마리니 두
바마리니 두비두비나 마나마 사바하

109
나모 라다나다라야야 나마 아리야 바
로기제 새바라야 모디사다바야 마하
사다바야 마하가로니가야 다냐타 도
로도로 아세마세마세 마하마리니 두
바마리니 두비두비나 마나마 사바하

110
나모 라다나다라야야 나마 아리야 바
로기제 새바라야 모디사다바야 마하
사다바야 마하가로니가야 다냐타 도
로도로 아세마세마세 마하마리니 두
바마리니 두비두비나 마나마 사바하

111 나모 라다나다라야야 나마 아리야 바
로기제 새바라야 모디사다바야 마하
사다바야 마하가로니가야 다냐타 도
로도로 아세마세마세 마하마리니 두
바마리니 두비두비나 마나마 사바하

112 나모 라다나다라야야 나마 아리야 바
로기제 새바라야 모디사다바야 마하
사다바야 마하가로니가야 다냐타 도
로도로 아세마세마세 마하마리니 두
바마리니 두비두비나 마나마 사바하

113 나모 라다나다라야야 나마 아리야 바
로기제 새바라야 모디사다바야 마하
사다바야 마하가로니가야 다냐타 도
로도로 아세마세마세 마하마리니 두
바마리니 두비두비나 마나마 사바하

114 나모 라다나다라야야 나마 아리야 바
로기제 새바라야 모디사다바야 마하
사다바야 마하가로니가야 다냐타 도
로도로 아셰마셰마셰 마하마리니 두
바마리니 두비두비나 마나마 사바하

115 나모 라다나다라야야 나마 아리야 바
로기제 새바라야 모디사다바야 마하
사다바야 마하가로니가야 다냐타 도
로도로 아셰마셰마셰 마하마리니 두
바마리니 두비두비나 마나마 사바하

116 나모 라다나다라야야 나마 아리야 바
로기제 새바라야 모디사다바야 마하
사다바야 마하가로니가야 다냐타 도
로도로 아셰마셰마셰 마하마리니 두
바마리니 두비두비나 마나마 사바하

117 나모 라다나다라야야 나마 아리야 바
로기제 새바라야 모디사다바야 마하
사다바야 마하가로니가야 다냐타 도
로도로 아세마세마세 마하마리니 두
바마리니 두비두비나 마나마 사바하

118 나모 라다나다라야야 나마 아리야 바
로기제 새바라야 모디사다바야 마하
사다바야 마하가로니가야 다냐타 도
로도로 아세마세마세 마하마리니 두
바마리니 두비두비나 마나마 사바하

119 나모 라다나다라야야 나마 아리야 바
로기제 새바라야 모디사다바야 마하
사다바야 마하가로니가야 다냐타 도
로도로 아세마세마세 마하마리니 두
바마리니 두비두비나 마나마 사바하

¹²⁰ 나모 라다나다라야야 나마 아리야 바
로기제 새바라야 모디사다바야 마하
사다바야 마하가로니가야 다냐타 도
로도로 아세마셰마셰 마하마리니 두
바마리니 두비두비나 마나마 사바하

¹²¹ 나모 라다나다라야야 나마 아리야 바
로기제 새바라야 모디사다바야 마하
사다바야 마하가로니가야 다냐타 도
로도로 아세마셰마셰 마하마리니 두
바마리니 두비두비나 마나마 사바하

¹²² 나모 라다나다라야야 나마 아리야 바
로기제 새바라야 모디사다바야 마하
사다바야 마하가로니가야 다냐타 도
로도로 아세마셰마셰 마하마리니 두
바마리니 두비두비나 마나마 사바하

123 나모 라다나다라야야 나마 아리야 바
로기제 새바라야 모디사다바야 마하
사다바야 마하가로니가야 다냐타 도
로도로 아세마세마세 마하마리니 두
바마리니 두비두비나 마나마 사바하

124 나모 라다나다라야야 나마 아리야 바
로기제 새바라야 모디사다바야 마하
사다바야 마하가로니가야 다냐타 도
로도로 아세마세마세 마하마리니 두
바마리니 두비두비나 마나마 사바하

125 나모 라다나다라야야 나마 아리야 바
로기제 새바라야 모디사다바야 마하
사다바야 마하가로니가야 다냐타 도
로도로 아세마세마세 마하마리니 두
바마리니 두비두비나 마나마 사바하

126
나모 라다나다라야야 나마 아리야 바
로기제 새바라야 모디사다바야 마하
사다바야 마하가로니가야 다냐타 도
로도로 아셰마셰마셰 마하마리니 두
바마리니 두비두비나 마나마 사바하

127
나모 라다나다라야야 나마 아리야 바
로기제 새바라야 모디사다바야 마하
사다바야 마하가로니가야 다냐타 도
로도로 아셰마셰마셰 마하마리니 두
바마리니 두비두비나 마나마 사바하

128
나모 라다나다라야야 나마 아리야 바
로기제 새바라야 모디사다바야 마하
사다바야 마하가로니가야 다냐타 도
로도로 아셰마셰마셰 마하마리니 두
바마리니 두비두비나 마나마 사바하

129 나모 라다나다라야야 나마 아리야 바
로기제 새바라야 모디사다바야 마하
사다바야 마하가로니가야 다냐타 도
로도로 아세마세마세 마하마리니 두
바마리니 두비두비나 마나마 사바하

130 나모 라다나다라야야 나마 아리야 바
로기제 새바라야 모디사다바야 마하
사다바야 마하가로니가야 다냐타 도
로도로 아세마세마세 마하마리니 두
바마리니 두비두비나 마나마 사바하

131 나모 라다나다라야야 나마 아리야 바
로기제 새바라야 모디사다바야 마하
사다바야 마하가로니가야 다냐타 도
로도로 아세마세마세 마하마리니 두
바마리니 두비두비나 마나마 사바하

132 나모 라다나다라야야 나마 아리야 바
로기제 새바라야 모디사다바야 마하
사다바야 마하가로니가야 다냐타 도
로도로 아세마세마세 마하마리니 두
바마리니 두비두비나 마나마 사바하

133 나모 라다나다라야야 나마 아리야 바
로기제 새바라야 모디사다바야 마하
사다바야 마하가로니가야 다냐타 도
로도로 아세마세마세 마하마리니 두
바마리니 두비두비나 마나마 사바하

134 나모 라다나다라야야 나마 아리야 바
로기제 새바라야 모디사다바야 마하
사다바야 마하가로니가야 다냐타 도
로도로 아세마세마세 마하마리니 두
바마리니 두비두비나 마나마 사바하

135 나모 라다나다라야야 나마 아리야 바
로기제 새바라야 모디사다바야 마하
사다바야 마하가로니가야 다냐타 도
로도로 아세마세마세 마하마리니 두
바마리니 두비두비나 마나마 사바하

136 나모 라다나다라야야 나마 아리야 바
로기제 새바라야 모디사다바야 마하
사다바야 마하가로니가야 다냐타 도
로도로 아세마세마세 마하마리니 두
바마리니 두비두비나 마나마 사바하

137 나모 라다나다라야야 나마 아리야 바
로기제 새바라야 모디사다바야 마하
사다바야 마하가로니가야 다냐타 도
로도로 아세마세마세 마하마리니 두
바마리니 두비두비나 마나마 사바하

138 나모 라다나다라야야 나마 아리야 바
로기제 새바라야 모디사다바야 마하
사다바야 마하가로니가야 다냐타 도
로도로 아세마세마세 마하마리니 두
바마리니 두비두비나 마나마 사바하

139 나모 라다나다라야야 나마 아리야 바
로기제 새바라야 모디사다바야 마하
사다바야 마하가로니가야 다냐타 도
로도로 아세마세마세 마하마리니 두
바마리니 두비두비나 마나마 사바하

140 나모 라다나다라야야 나마 아리야 바
로기제 새바라야 모디사다바야 마하
사다바야 마하가로니가야 다냐타 도
로도로 아세마세마세 마하마리니 두
바마리니 두비두비나 마나마 사바하

141 나모 라다나다라야야 나마 아리야 바
로기제 새바라야 모디사다바야 마하
사다바야 마하가로니가야 다냐타 도
로도로 아세마세마세 마하마리니 두
바마리니 두비두비나 마나마 사바하

142 나모 라다나다라야야 나마 아리야 바
로기제 새바라야 모디사다바야 마하
사다바야 마하가로니가야 다냐타 도
로도로 아세마세마세 마하마리니 두
바마리니 두비두비나 마나마 사바하

143 나모 라다나다라야야 나마 아리야 바
로기제 새바라야 모디사다바야 마하
사다바야 마하가로니가야 다냐타 도
로도로 아세마세마세 마하마리니 두
바마리니 두비두비나 마나마 사바하

144 나모 라다나다라야야 나마 아리야 바
로기제 새바라야 모디사다바야 마하
사다바야 마하가로니가야 다냐타 도
로도로 아세마세마세 마하마리니 두
바마리니 두비두비니 마나마 사바하

145 나모 라다나다라야야 나마 아리야 바
로기제 새바라야 모디사다바야 마하
사다바야 마하가로니가야 다냐타 도
로도로 아세마세마세 마하마리니 두
바마리니 두비두비니 마나마 사바하

146 나모 라다나다라야야 나마 아리야 바
로기제 새바라야 모디사다바야 마하
사다바야 마하가로니가야 다냐타 도
로도로 아세마세마세 마하마리니 두
바마리니 두비두비니 마나마 사바하

147 나모 라다나다라야야 나마 아리야 바
로기제 새바라야 모디사다바야 마하
사다바야 마하가로니가야 다냐타 도
로도로 아세마세마셰 마하마리니 두
바마리니 두비두비나 마나마 사바하

148 나모 라다나다라야야 나마 아리야 바
로기제 새바라야 모디사다바야 마하
사다바야 마하가로니가야 다냐타 도
로도로 아세마세마셰 마하마리니 두
바마리니 두비두비나 마나마 사바하

149 나모 라다나다라야야 나마 아리야 바
로기제 새바라야 모디사다바야 마하
사다바야 마하가로니가야 다냐타 도
로도로 아세마세마셰 마하마리니 두
바마리니 두비두비나 마나마 사바하

150
나모 라다나다라야야 나마 아리야 바
로기제 새바라야 모디사다바야 마하
사다바야 마하가로니가야 다냐타 도
로도로 아세마세마세 마하마리니 두
바마리니 두비두비나 마나마 사바하

151
나모 라다나다라야야 나마 아리야 바
로기제 새바라야 모디사다바야 마하
사다바야 마하가로니가야 다냐타 도
로도로 아세마세마세 마하마리니 두
바마리니 두비두비나 마나마 사바하

152
나모 라다나다라야야 나마 아리야 바
로기제 새바라야 모디사다바야 마하
사다바야 마하가로니가야 다냐타 도
로도로 아세마세마세 마하마리니 두
바마리니 두비두비나 마나마 사바하

153 나모 라다나다라야야 나마 아리야 바
로기제 새바라야 모디사다바야 마하
사다바야 마하가로니가야 다냐타 도
로도로 아세마세마세 마하마리니 두
바마리니 두비두비나 마나마 사바하

154 나모 라다나다라야야 나마 아리야 바
로기제 새바라야 모디사다바야 마하
사다바야 마하가로니가야 다냐타 도
로도로 아세마세마세 마하마리니 두
바마리니 두비두비나 마나마 사바하

155 나모 라다나다라야야 나마 아리야 바
로기제 새바라야 모디사다바야 마하
사다바야 마하가로니가야 다냐타 도
로도로 아세마세마세 마하마리니 두
바마리니 두비두비나 마나마 사바하

¹⁵⁶ 나모 라다나다라야야 나마 아리야 바
로기제 새바라야 모디사다바야 마하
사다바야 마하가로니가야 다냐타 도
로도로 아세마세마세 마하마리니 두
바마리니 두비두비나 마나마 사바하

¹⁵⁷ 나모 라다나다라야야 나마 아리야 바
로기제 새바라야 모디사다바야 마하
사다바야 마하가로니가야 다냐타 도
로도로 아세마세마세 마하마리니 두
바마리니 두비두비나 마나마 사바하

¹⁵⁸ 나모 라다나다라야야 나마 아리야 바
로기제 새바라야 모디사다바야 마하
사다바야 마하가로니가야 다냐타 도
로도로 아세마세마세 마하마리니 두
바마리니 두비두비나 마나마 사바하

관세음보살 참회주 79

159 나모 라다나다라야야 나마 아리야 바
로기제 새바라야 모디사다바야 마하
사다바야 마하가로니가야 다냐타 도
로도로 아세마세마세 마하마리니 두
바마리니 두비두비나 마나마 사바하

160 나모 라다나다라야야 나마 아리야 바
로기제 새바라야 모디사다바야 마하
사다바야 마하가로니가야 다냐타 도
로도로 아세마세마세 마하마리니 두
바마리니 두비두비나 마나마 사바하

161 나모 라다나다라야야 나마 아리야 바
로기제 새바라야 모디사다바야 마하
사다바야 마하가로니가야 다냐타 도
로도로 아세마세마세 마하마리니 두
바마리니 두비두비나 마나마 사바하

¹⁶² 나모 라다나다라야야 나마 아리야 바
로기제 새바라야 모디사다바야 마하
사다바야 마하가로니가야 다냐타 도
로도로 아셰마셰마셰 마하마리니 두
바마리니 두비두비나 마나마 사바하

¹⁶³ 나모 라다나다라야야 나마 아리야 바
로기제 새바라야 모디사다바야 마하
사다바야 마하가로니가야 다냐타 도
로도로 아셰마셰마셰 마하마리니 두
바마리니 두비두비나 마나마 사바하

¹⁶⁴ 나모 라다나다라야야 나마 아리야 바
로기제 새바라야 모디사다바야 마하
사다바야 마하가로니가야 다냐타 도
로도로 아셰마셰마셰 마하마리니 두
바마리니 두비두비나 마나마 사바하

165 나모 라다나다라야야 나마 아리야 바
로기제 새바라야 모디사다바야 마하
사다바야 마하가로니가야 다냐타 도
로도로 아세마세마세 마하마리니 두
바마리니 두비두비나 마나마 사바하

166 나모 라다나다라야야 나마 아리야 바
로기제 새바라야 모디사다바야 마하
사다바야 마하가로니가야 다냐타 도
로도로 아세마세마세 마하마리니 두
바마리니 두비두비나 마나마 사바하

167 나모 라다나다라야야 나마 아리야 바
로기제 새바라야 모디사다바야 마하
사다바야 마하가로니가야 다냐타 도
로도로 아세마세마세 마하마리니 두
바마리니 두비두비나 마나마 사바하

168 나모 라다나다라야야 나마 아리야 바
로기제 새바라야 모디사다바야 마하
사다바야 마하가로니가야 다냐타 도
로도로 아세마세마세 마하마리니 두
바마리니 두비두비나 마나마 사바하

169 나모 라다나다라야야 나마 아리야 바
로기제 새바라야 모디사다바야 마하
사다바야 마하가로니가야 다냐타 도
로도로 아세마세마세 마하마리니 두
바마리니 두비두비나 마나마 사바하

170 나모 라다나다라야야 나마 아리야 바
로기제 새바라야 모디사다바야 마하
사다바야 마하가로니가야 다냐타 도
로도로 아세마세마세 마하마리니 두
바마리니 두비두비나 마나마 사바하

171 나모 라다나다라야야 나마 아리야 바
로기제 새바라야 모디사다바야 마하
사다바야 마하가로니가야 다냐타 도
로도로 아세마세마세 마하마리니 두
바마리니 두비두비나 마나마 사바하

172 나모 라다나다라야야 나마 아리야 바
로기제 새바라야 모디사다바야 마하
사다바야 마하가로니가야 다냐타 도
로도로 아세마세마세 마하마리니 두
바마리니 두비두비나 마나마 사바하

173 나모 라다나다라야야 나마 아리야 바
로기제 새바라야 모디사다바야 마하
사다바야 마하가로니가야 다냐타 도
로도로 아세마세마세 마하마리니 두
바마리니 두비두비나 마나마 사바하

174
나모 라다나다라야야 나마 아리야 바
로기제 새바라야 모디사다바야 마하
사다바야 마하가로니가야 다냐타 도
로도로 아셰마셰마셰 마하마리니 두
바마리니 두비두비나 마나마 사바하

175
나모 라다나다라야야 나마 아리야 바
로기제 새바라야 모디사다바야 마하
사다바야 마하가로니가야 다냐타 도
로도로 아셰마셰마셰 마하마리니 두
바마리니 두비두비나 마나마 사바하

176
나모 라다나다라야야 나마 아리야 바
로기제 새바라야 모디사다바야 마하
사다바야 마하가로니가야 다냐타 도
로도로 아셰마셰마셰 마하마리니 두
바마리니 두비두비나 마나마 사바하

177 나모 라다나다라야야 나마 아리야 바
로기제 새바라야 모디사다바야 마하
사다바야 마하가로니가야 다냐타 도
로도로 아세마세마세 마하마리니 두
바마리니 두비두비나 마나마 사바하

178 나모 라다나다라야야 나마 아리야 바
로기제 새바라야 모디사다바야 마하
사다바야 마하가로니가야 다냐타 도
로도로 아세마세마세 마하마리니 두
바마리니 두비두비나 마나마 사바하

179 나모 라다나다라야야 나마 아리야 바
로기제 새바라야 모디사다바야 마하
사다바야 마하가로니가야 다냐타 도
로도로 아세마세마세 마하마리니 두
바마리니 두비두비나 마나마 사바하

¹⁸⁰ 나모 라다나다라야야 나마 아리야 바
로기제 새바라야 모디사다바야 마하
사다바야 마하가로니가야 다냐타 도
로도로 아세마세마세 마하마리니 두
바마리니 두비두비나 마나마 사바하

¹⁸¹ 나모 라다나다라야야 나마 아리야 바
로기제 새바라야 모디사다바야 마하
사다바야 마하가로니가야 다냐타 도
로도로 아세마세마세 마하마리니 두
바마리니 두비두비나 마나마 사바하

¹⁸² 나모 라다나다라야야 나마 아리야 바
로기제 새바라야 모디사다바야 마하
사다바야 마하가로니가야 다냐타 도
로도로 아세마세마세 마하마리니 두
바마리니 두비두비나 마나마 사바하

183 나모 라다나다라야야 나마 아리야 바
로기제 새바라야 모디사다바야 마하
사다바야 마하가로니가야 다냐타 도
로도로 아세마세마세 마하마리니 두
바마리니 두비두비나 마나마 사바하

184 나모 라다나다라야야 나마 아리야 바
로기제 새바라야 모디사다바야 마하
사다바야 마하가로니가야 다냐타 도
로도로 아세마세마세 마하마리니 두
바마리니 두비두비나 마나마 사바하

185 나모 라다나다라야야 나마 아리야 바
로기제 새바라야 모디사다바야 마하
사다바야 마하가로니가야 다냐타 도
로도로 아세마세마세 마하마리니 두
바마리니 두비두비나 마나마 사바하

186 나모 라다나다라야야 나마 아리야 바
로기제 새바라야 모디사다바야 마하
사다바야 마하가로니가야 다냐타 도
로도로 아세마세마세 마하마리니 두
바마리니 두비두비나 마나마 사바하

187 나모 라다나다라야야 나마 아리야 바
로기제 새바라야 모디사다바야 마하
사다바야 마하가로니가야 다냐타 도
로도로 아세마세마세 마하마리니 두
바마리니 두비두비나 마나마 사바하

188 나모 라다나다라야야 나마 아리야 바
로기제 새바라야 모디사다바야 마하
사다바야 마하가로니가야 다냐타 도
로도로 아세마세마세 마하마리니 두
바마리니 두비두비나 마나마 사바하

189 나모 라다나다라야야 나마 아리야 바
로기제 새바라야 모디사다바야 마하
사다바야 마하가로니가야 다냐타 도
로도로 아세마세마세 마하마리니 두
바마리니 두비두비나 마나마 사바하

190 나모 라다나다라야야 나마 아리야 바
로기제 새바라야 모디사다바야 마하
사다바야 마하가로니가야 다냐타 도
로도로 아세마세마세 마하마리니 두
바마리니 두비두비나 마나마 사바하

191 나모 라다나다라야야 나마 아리야 바
로기제 새바라야 모디사다바야 마하
사다바야 마하가로니가야 다냐타 도
로도로 아세마세마세 마하마리니 두
바마리니 두비두비나 마나마 사바하

192 나모 라다나다라야야 나마 아리야 바
로기제 새바라야 모디사다바야 마하
사다바야 마하가로니가야 다냐타 도
로도로 아세마세마세 마하마리니 두
바마리니 두비두비나 마나마 사바하

193 나모 라다나다라야야 나마 아리야 바
로기제 새바라야 모디사다바야 마하
사다바야 마하가로니가야 다냐타 도
로도로 아세마세마세 마하마리니 두
바마리니 두비두비나 마나마 사바하

194 나모 라다나다라야야 나마 아리야 바
로기제 새바라야 모디사다바야 마하
사다바야 마하가로니가야 다냐타 도
로도로 아세마세마세 마하마리니 두
바마리니 두비두비나 마나마 사바하

195 나모 라다나다라야야 나마 아리야 바
로기제 새바라야 모디사다바야 마하
사다바야 마하가로니가야 다냐타 도
로도로 아세마세마세 마하마리니 두
바마리니 두비두비나 마나마 사바하

196 나모 라다나다라야야 나마 아리야 바
로기제 새바라야 모디사다바야 마하
사다바야 마하가로니가야 다냐타 도
로도로 아세마세마세 마하마리니 두
바마리니 두비두비나 마나마 사바하

197 나모 라다나다라야야 나마 아리야 바
로기제 새바라야 모디사다바야 마하
사다바야 마하가로니가야 다냐타 도
로도로 아세마세마세 마하마리니 두
바마리니 두비두비나 마나마 사바하

¹⁹⁸ 나모 라다나다라야야 나마 아리야 바
로기제 새바라야 모디사다바야 마하
사다바야 마하가로니가야 다냐타 도
로도로 아세마세마세 마하마리니 두
바마리니 두비두비나 마나마 사바하

¹⁹⁹ 나모 라다나다라야야 나마 아리야 바
로기제 새바라야 모디사다바야 마하
사다바야 마하가로니가야 다냐타 도
로도로 아세마세마세 마하마리니 두
바마리니 두비두비나 마나마 사바하

²⁰⁰ 나모 라다나다라야야 나마 아리야 바
로기제 새바라야 모디사다바야 마하
사다바야 마하가로니가야 다냐타 도
로도로 아세마세마세 마하마리니 두
바마리니 두비두비나 마나마 사바하

201 나모 라다나다라야야 나마 아리야 바
로기제 새바라야 모디사다바야 마하
사다바야 마하가로니가야 다냐타 도
로도로 아세마세마세 마하마리니 두
바마리니 두비두비나 마나마 사바하

202 나모 라다나다라야야 나마 아리야 바
로기제 새바라야 모디사다바야 마하
사다바야 마하가로니가야 다냐타 도
로도로 아세마세마세 마하마리니 두
바마리니 두비두비나 마나마 사바하

203 나모 라다나다라야야 나마 아리야 바
로기제 새바라야 모디사다바야 마하
사다바야 마하가로니가야 다냐타 도
로도로 아세마세마세 마하마리니 두
바마리니 두비두비나 마나마 사바하

204 나모 라다나다라야야 나마 아리야 바
로기제 새바라야 모디사다바야 마하
사다바야 마하가로니가야 다냐타 도
로도로 아세마세마세 마하마리니 두
바마리니 두비두비나 마나마 사바하

205 나모 라다나다라야야 나마 아리야 바
로기제 새바라야 모디사다바야 마하
사다바야 마하가로니가야 다냐타 도
로도로 아세마세마세 마하마리니 두
바마리니 두비두비나 마나마 사바하

206 나모 라다나다라야야 나마 아리야 바
로기제 새바라야 모디사다바야 마하
사다바야 마하가로니가야 다냐타 도
로도로 아세마세마세 마하마리니 두
바마리니 두비두비나 마나마 사바하

207 나모 라다나다라야야 나마 아리야 바
로기제 새바라야 모디사다바야 마하
사다바야 마하가로니가야 다냐타 도
로도로 아세마세마세 마하마리니 두
바마리니 두비두비나 마나마 사바하

208 나모 라다나다라야야 나마 아리야 바
로기제 새바라야 모디사다바야 마하
사다바야 마하가로니가야 다냐타 도
로도로 아세마세마세 마하마리니 두
바마리니 두비두비나 마나마 사바하

209 나모 라다나다라야야 나마 아리야 바
로기제 새바라야 모디사다바야 마하
사다바야 마하가로니가야 다냐타 도
로도로 아세마세마세 마하마리니 두
바마리니 두비두비나 마나마 사바하

210
나모 라다나다라야야 나마 아리야 바
로기제 새바라야 모디사다바야 마하
사다바야 마하가로니가야 다냐타 도
로도로 아셰마셰마셰 마하마리니 두
바마리니 두비두비나 마나마 사바하

211
나모 라다나다라야야 나마 아리야 바
로기제 새바라야 모디사다바야 마하
사다바야 마하가로니가야 다냐타 도
로도로 아셰마셰마셰 마하마리니 두
바마리니 두비두비나 마나마 사바하

212
나모 라다나다라야야 나마 아리야 바
로기제 새바라야 모디사다바야 마하
사다바야 마하가로니가야 다냐타 도
로도로 아셰마셰마셰 마하마리니 두
바마리니 두비두비나 마나마 사바하

213 나모 라다나다라야야 나마 아리야 바
로기제 새바라야 모디사다바야 마하
사다바야 마하가로니가야 다냐타 도
로도로 아세마세마세 마하마리니 두
바마리니 두비두비나 마나마 사바하

214 나모 라다나다라야야 나마 아리야 바
로기제 새바라야 모디사다바야 마하
사다바야 마하가로니가야 다냐타 도
로도로 아세마세마세 마하마리니 두
바마리니 두비두비나 마나마 사바하

215 나모 라다나다라야야 나마 아리야 바
로기제 새바라야 모디사다바야 마하
사다바야 마하가로니가야 다냐타 도
로도로 아세마세마세 마하마리니 두
바마리니 두비두비나 마나마 사바하

216 나모 라다나다라야야 나마 아리야 바
로기제 새바라야 모디사다바야 마하
사다바야 마하가로니가야 다냐타 도
로도로 아세마세마세 마하마리니 두
바마리니 두비두비나 마나마 사바하

217 나모 라다나다라야야 나마 아리야 바
로기제 새바라야 모디사다바야 마하
사다바야 마하가로니가야 다냐타 도
로도로 아세마세마세 마하마리니 두
바마리니 두비두비나 마나마 사바하

218 나모 라다나다라야야 나마 아리야 바
로기제 새바라야 모디사다바야 마하
사다바야 마하가로니가야 다냐타 도
로도로 아세마세마세 마하마리니 두
바마리니 두비두비나 마나마 사바하

219 나모 라다나다라야야 나마 아리야 바
로기제 새바라야 모디사다바야 마하
사다바야 마하가로니가야 다냐타 도
로도로 아세마세마세 마하마리니 두
바마리니 두비두비나 마나마 사바하

220 나모 라다나다라야야 나마 아리야 바
로기제 새바라야 모디사다바야 마하
사다바야 마하가로니가야 다냐타 도
로도로 아세마세마세 마하마리니 두
바마리니 두비두비나 마나마 사바하

221 나모 라다나다라야야 나마 아리야 바
로기제 새바라야 모디사다바야 마하
사다바야 마하가로니가야 다냐타 도
로도로 아세마세마세 마하마리니 두
바마리니 두비두비나 마나마 사바하

222 나모 라다나다라야야 나마 아리야 바
로기제 새바라야 모디사다바야 마하
사다바야 마하가로니가야 다냐타 도
로도로 아세마세마세 마하마리니 두
바마리니 두비두비나 마나마 사바하

223 나모 라다나다라야야 나마 아리야 바
로기제 새바라야 모디사다바야 마하
사다바야 마하가로니가야 다냐타 도
로도로 아세마세마세 마하마리니 두
바마리니 두비두비나 마나마 사바하

224 나모 라다나다라야야 나마 아리야 바
로기제 새바라야 모디사다바야 마하
사다바야 마하가로니가야 다냐타 도
로도로 아세마세마세 마하마리니 두
바마리니 두비두비나 마나마 사바하

225 나모 라다나다라야야 나마 아리야 바
로기제 새바라야 모디사다바야 마하
사다바야 마하가로니가야 다냐타 도
로도로 아세마세마세 마하마리니 두
바마리니 두비두비나 마나마 사바하

226 나모 라다나다라야야 나마 아리야 바
로기제 새바라야 모디사다바야 마하
사다바야 마하가로니가야 다냐타 도
로도로 아세마세마세 마하마리니 두
바마리니 두비두비나 마나마 사바하

227 나모 라다나다라야야 나마 아리야 바
로기제 새바라야 모디사다바야 마하
사다바야 마하가로니가야 다냐타 도
로도로 아세마세마세 마하마리니 두
바마리니 두비두비나 마나마 사바하

228 나모 라다나다라야야 나마 아리야 바
로기제 새바라야 모디사다바야 마하
사다바야 마하가로니가야 다냐타 도
로도로 아세마세마세 마하마리니 두
바마리니 두비두비나 마나마 사바하

229 나모 라다나다라야야 나마 아리야 바
로기제 새바라야 모디사다바야 마하
사다바야 마하가로니가야 다냐타 도
로도로 아세마세마세 마하마리니 두
바마리니 두비두비나 마나마 사바하

230 나모 라다나다라야야 나마 아리야 바
로기제 새바라야 모디사다바야 마하
사다바야 마하가로니가야 다냐타 도
로도로 아세마세마세 마하마리니 두
바마리니 두비두비나 마나마 사바하

231 나모 라다나다라야야 나마 아리야 바
로기제 새바라야 모디사다바야 마하
사다바야 마하가로니가야 다냐타 도
로도로 아세마세마세 마하마리니 두
바마리니 두비두비니 마나마 사바하

232 나모 라다나다라야야 나마 아리야 바
로기제 새바라야 모디사다바야 마하
사다바야 마하가로니가야 다냐타 도
로도로 아세마세마세 마하마리니 두
바마리니 두비두비니 마나마 사바하

233 나모 라다나다라야야 나마 아리야 바
로기제 새바라야 모디사다바야 마하
사다바야 마하가로니가야 다냐타 도
로도로 아세마세마세 마하마리니 두
바마리니 두비두비니 마나마 사바하

234 나모 라다나다라야야 나마 아리야 바
로기제 새바라야 모디사다바야 마하
사다바야 마하가로니가야 다냐타 도
로도로 아셰마셰마셰 마하마리니 두
바마리니 두비두비나 마나마 사바하

235 나모 라다나다라야야 나마 아리야 바
로기제 새바라야 모디사다바야 마하
사다바야 마하가로니가야 다냐타 도
로도로 아셰마셰마셰 마하마리니 두
바마리니 두비두비나 마나마 사바하

236 나모 라다나다라야야 나마 아리야 바
로기제 새바라야 모디사다바야 마하
사다바야 마하가로니가야 다냐타 도
로도로 아셰마셰마셰 마하마리니 두
바마리니 두비두비나 마나마 사바하

237 나모 라다나다라야야 나마 아리야 바
로기제 새바라야 모디사다바야 마하
사다바야 마하가로니가야 다냐타 도
로도로 아세 마세 마세 마하마리니 두
바마리니 두비두비나 마나마 사바하

238 나모 라다나다라야야 나마 아리야 바
로기제 새바라야 모디사다바야 마하
사다바야 마하가로니가야 다냐타 도
로도로 아세 마세 마세 마하마리니 두
바마리니 두비두비나 마나마 사바하

239 나모 라다나다라야야 나마 아리야 바
로기제 새바라야 모디사다바야 마하
사다바야 마하가로니가야 다냐타 도
로도로 아세 마세 마세 마하마리니 두
바마리니 두비두비나 마나마 사바하

240 나모 라다나다라야야 나마 아리야 바
로기제 새바라야 모디사다바야 마하
사다바야 마하가로니가야 다냐타 도
로도로 아세마세마세 마하마리니 두
바마리니 두비두비나 마나마 사바하

241 나모 라다나다라야야 나마 아리야 바
로기제 새바라야 모디사다바야 마하
사다바야 마하가로니가야 다냐타 도
로도로 아세마세마세 마하마리니 두
바마리니 두비두비나 마나마 사바하

242 나모 라다나다라야야 나마 아리야 바
로기제 새바라야 모디사다바야 마하
사다바야 마하가로니가야 다냐타 도
로도로 아세마세마세 마하마리니 두
바마리니 두비두비나 마나마 사바하

243 나모 라다나다라야야 나마 아리야 바
로기제 새바라야 모디사다바야 마하
사다바야 마하가로니가야 다냐타 도
로도로 아세마세마세 마하마리니 두
바마리니 두비두비나 마나마 사바하

244 나모 라다나다라야야 나마 아리야 바
로기제 새바라야 모디사다바야 마하
사다바야 마하가로니가야 다냐타 도
로도로 아세마세마세 마하마리니 두
바마리니 두비두비나 마나마 사바하

245 나모 라다나다라야야 나마 아리야 바
로기제 새바라야 모디사다바야 마하
사다바야 마하가로니가야 다냐타 도
로도로 아세마세마세 마하마리니 두
바마리니 두비두비나 마나마 사바하

246 나모 라다나다라야야 나마 아리야 바
로기제 새바라야 모디사다바야 마하
사다바야 마하가로니가야 다냐타 도
로도로 아세마세마세 마하마리니 두
바마리니 두비두비나 마나마 사바하

247 나모 라다나다라야야 나마 아리야 바
로기제 새바라야 모디사다바야 마하
사다바야 마하가로니가야 다냐타 도
로도로 아세마세마세 마하마리니 두
바마리니 두비두비나 마나마 사바하

248 나모 라다나다라야야 나마 아리야 바
로기제 새바라야 모디사다바야 마하
사다바야 마하가로니가야 다냐타 도
로도로 아세마셰마셰 마하마리니 두
바마리니 두비두비나 마나마 사바하

²⁴⁹ 나모 라다나다라야야 나마 아리야 바
로기제 새바라야 모디사다바야 마하
사다바야 마하가로니가야 다냐타 도
로도로 아세마세마세 마하마리니 두
바마리니 두비두비나 마나마 사바하

²⁵⁰ 나모 라다나다라야야 나마 아리야 바
로기제 새바라야 모디사다바야 마하
사다바야 마하가로니가야 다냐타 도
로도로 아세마세마세 마하마리니 두
바마리니 두비두비나 마나마 사바하

보회향진언

옴 삼마라 삼마라 미만나 사라마
하 자가라바 훔

사경 끝난 날 : 불기 _____ 년 ____ 월 ____ 일

다라니(진언) 사경 1

과거세부터 지어온 죄업을 참회하는 진언

초판 1쇄 발행 2014년 11월 4일 | **초판 3쇄 발행** 2024년 8월 1일
엮은이 편집부 | **펴낸이** 김시열
펴낸곳 도서출판 운주사

　　　(02832) 서울시 성북구 동소문로 67-1번지 성심빌딩 3층

　　　전화 (02) 926-8361 | 팩스 (0505) 115-8361

ISBN 978-89-5746-392-5 04220 　값 6,000원
ISBN 978-89-5746-405-2 （세트）

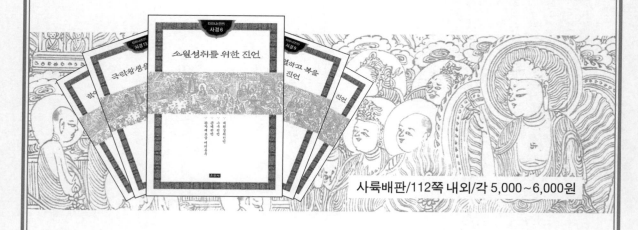